Письмо К Н.В. Гоголю

Виссарион Григоревич Белинский, Николай Васильевич Гоголь, Robert Chambers

LETTRE de B. BELINSKIY à N. GOGOL
Avec la Préface de M. Dragomanov.

ПИСЬМО
В. Г. БѢЛИНСКАГО
къ
Н. В. ГОГОЛЮ

съ предисловіемъ
М. Драгоманова

изданіе редакціи украинскаго сборника
„ГРОМАДА"

GENÈVE
H. GEORG LIBRAIRE-ÉDITEUR
1880

МОЖНА ДІСТАТИ ЧЕРЕЗ:

Georg, Corraterie 10, *Genève i Graeve, Bouchareśt:*

ГРОМАДА, Украјінська збірка впорьадкована М. Драгомановим. № 1. Передньє слово.
Межі нашоі мужицькоі Украјини в Россіјі ј Австріјі. — Наші сусіди-мужики. — Чуже начальство ј панство на нашіј землі. — Змаганьньа наших простих льудеј до волі ј спільности на всіј нашіј Украјіні в козацькі часи XVII ст. — Остатніј поділ наших льудеј невольа в XVIII ст. — Змаганьньа наших льудеј до волі ј спільности в XIX ст.: письменство украјінське ј наука про Украјіну в Россіјі; змаганьньа мужиків до волі ј землі. — Змаганьньа наших льудеј до волі духовноі в XVI—XVII ст. ј попівська невольа в XVIII—XIX ст.: братства міщанські в XVI ст. ј сельанські в XIX ст. (льуде божі ј штунди). — Змаганьньа наших льудеј до волі ј землі в Австріјі. — Марність надіј на царство ј попівство. — Своја вольа на своіј землі. — Можливість і вартість својеі украјінськоі держави. — Украјінська козацька держава XVII ст. ј правдива своја вольа: — товариство ј безначальство. — Товариство в Січі Запорожськіј. — Товариські ј громадівські змаганьньа ј наука в Европі ј Америці: — соціалізм. — Одинаковість украјінських і соціальних змагань.

Конечна ціль громадськоі праці. — Зміна половинні ј посередні станціјі: державні зміни. — Служба льудеј з теперішнього панства мужицьким громадам. — Проби такоі служби на Украјіні: украјінські, польські ј всероссіјські. — Потреба јасно одмежованного украјінства в тіј службі. — Всесвітньа наука ј крајова праца. — «Всесвітньа спілка робітників» і товариства по крајінам і породам. — Украјінські потреби громадівськоі праці: політичні вільности, осібність по крајінам і громадам і специјальність праці; живі повстаньньа громадських льудеј; потреба праць не політичних і зріст нових порьадків в громадах; праца противупопівська ј наукова. — Украјінськиј соціалізм — не партіја, а громада.

Шчо тепер може зробити украјінська печать? — Украјінці в чужіј печаті. — Наші думки про чужих льудеј на Украјіні. — Наші супротивники ј спільники. — Федеральна спілка в Россіјі ј в Австріјі. — Спілка демократіј в недержавних народах в Европі. — Користь з неі дльа державних пород. — Спілка Украјінців з західніми славјанами. Порьадок виданьньа «Громади.» Женева. Печатньа «Громади» 1878 2 фр.

ГРОМАДА Украјінська збірка впорьадкована М. Драгомановим. № 2. Звістки про Украјіну 1876—1877. Од впорьадчика М. Драгоманова; Житьтьа по селам: І. «Здирство»; А) Богатирі ј бідні: 1, Поділ землі. 2. У најмах. 3, Мошенства панів і підпанків. Б) Начальство: 1, Крестьанське начальство. 2. Царське начальство. 3, Земство. II «Темнота»: Народні школи на Украјіні серед житьтьа ј письменства в Россіјі. М. Драгоманова; Шчо нового по газетах? I—V. С—ого. Украјіна ј центри I.—III. М. Драгоманова. Одповіді впорьадчика; Прилога. Лічба «Общества пособія политическимъ изгнанникамъ изъ Россіи», Женева. Печатньа «Громади.» 1878. 8 фр.

ПИСЬМО
В. Г. БѢЛИНСКАГО

КЪ

Н. В. ГОГОЛЮ

СЪ ПРЕДИСЛОВІЕМЪ

М. Драгоманова

ИЗДАНІЕ РЕДАКЦІИ УКРАИНСКАГО СБОРНИКА

„ГРОМАДА“

ЖЕНЕВА

ТИПОГРАФІЯ „РАБОТНИКА“ И „ГРОМАДЫ“

1880

ПРЕДИСЛОВІЕ.

Письмо Бѣлинскаго къ Гоголю представляетъ одинъ изъ самыхъ замѣчательныхъ документовъ русской литературы. Ничто такъ не характеризуетъ основателя критики и публицистики въ Россіи, какъ эти строки, писанныя вдали отъ цензуры и полиціи императорской. И не смотря на то, что со времени написанія его прошло болѣе тридцати лѣтъ, не смотря на то, что Бѣлинскій дождался общаго культа, чуть не офиціально-признаннаго, письмо его къ Гоголю до сихъ поръ не напечатано въ цѣломъ видѣ въ Россіи, и до сихъ поръ единственная книга, гдѣ можно прочесть его цѣликомъ, есть 1 томъ „Полярной Звѣзды" Герцена. Уже это одно обстоятельство прекрасно характеризуетъ степень свободы печати въ „послѣреформенной Россіи".

Для насъ впрочемъ въ этомъ нѣтъ ничего удивительнаго,—такъ какъ читатель, пробѣжавъ письмо дѣятеля „сороковыхъ годовъ", увидитъ, что требованія его для своего времени, до сихъ поръ еще не удовлетворены, а его опасенія говорить откровенно даже въ частномъ письмѣ въ Россіи,—остались, во всей своей силѣ у русскихъ „вѣрноподанныхъ" и нашей эпохи, если еще не усилились въ послѣдніе годы правленія „царя освободителя." Вотъ почему этотъ голосъ знаменитаго критика имѣетъ значеніе и теперь не только какъ замѣчательный литературный памятникъ, но отчасти и какъ программа.

Въ послѣднее время нѣкоторыя обстоятельства придали особенное значеніе письму Бѣлинскаго, именно какъ „дѣятеля 40-хъ годовъ." Всѣмъ, кто слѣдитъ за журналами и газетами, выходящими въ Россіи, бросилось, конечно, въ глаза, какъ часто въ нихъ толкуется вкривь и вкось о „дѣятеляхъ и идеалахъ сороковыхъ годовъ". Періодически, то прогрессисты, то ретрограды говорятъ о 40-хъ годахъ въ укоръ настоящему, и такъ какъ разговоры эти происходятъ на языкѣ „эзопскомъ", то они только даютъ поводъ двуголовымъ людямъ съ одинаковымъ безстыдствомъ и укорять „современный прогрессъ“ во имя идеаловъ 40-хъ годовъ, и восхвалять современную продажу „распивочно и на выносъ“, которой (ко стыду своему, конечно!), гнушались „бѣлоручки 40-хъ годовъ“.

Недавнія оваціи одному изъ крупнѣйшихъ дѣятелей, переданныхъ намъ 40-выми годами, И. С. Тургеневу, его рѣчи и письма, между прочимъ и послѣднее письмо его къ М. М. Стасюлевичу, въ свою очередь напомнили обществу о сороковыхъ годахъ и ихъ идеалахъ,—но, тоже, вслѣдствіе того же эзопскаго языка, мало способствовали уясненію вопроса о томъ, что же поучительнаго, мы, „дѣти“, можемъ извлечь изъ уроковъ „отцовъ“, людей сороковыхъ годовъ? Мало того, рѣчи и письма самаго Тургенева подкладывали подъ басню о 40-хъ годахъ нравоученія, которыя изъ нея никакъ бы не вышли, если бы басня эта не разсказывалась очень уже темнымъ языкомъ. А между тѣмъ Тургеневъ счелъ возможнымъ сказать даже, что молодежь въ концѣ 70-хъ годовъ „пошла на встрѣчу ему“, — представителю 40-хъ годовъ, — а не онъ на встрѣчу молодежи.

Какъ произвольно подкладывается Тургеневымъ нравоученіе подъ басню о 40-хъ годахъ, можно видѣть и изъ слѣдующихъ строкъ его послѣдняго письма къ редактору „Вѣстника Европы“:

„Въ глазахъ нашей молодежи я всегда былъ и до сихъ поръ остался „постепеновцемъ“, либераломъ стараго покроя, въ англійскомъ, династическомъ смыслѣ, человѣкомъ, ожидающимъ реформъ *только свыше*, — принципіальнымъ противникомъ революцій, — не говоря уже о безобразіяхъ послѣдняго времени.“

Мы оставимъ въ сторонѣ неясность послѣднихъ словъ,— изъ которыхъ не видно, о какихъ собственно „безобразіяхъ“ говоритъ знаменитый романистъ, — о Треповскихъ, III-е отдѣленскихъ и генералъ-губернаторскихъ, или о другихъ. Мы вправѣ оставить въ сторонѣ и личность самаго Тургенева, тѣмъ болѣе, что въ своихъ извѣстныхъ рѣчахъ, къ которымъ тѣсно примыкаетъ вышеупомянутое письмо, онъ говоритъ о себѣ, не какъ объ индивидуумѣ, а какъ о части цѣлаго,—коллективнаго тѣла, „либерала 40-хъ годовъ“. И вотъ мы должны сказать, что съ этою коллективною личностью Тургеневъ обошелся совершенно произвольно.

Въ настоящее время намъ настолько извѣстна интимная

жизнь не только Бакунина, Герцена, — но и Бѣлинскаго, Грановскаго и др., что мы рѣшительно не понимаемъ, какъ можно назвать „либераловъ стараго покроя“ „принципіальными противниками революцій, ожидающими реформъ только сверху.“ Довольно прочесть хоть бы въ той же книгѣ „Вѣстника Европы,“ гдѣ напечатано письмо Тургенева (1880, № 2), статью г. Анненкова „Замѣчательное десятилѣтіе,“ чтобъ убѣдиться, что люди 40-хъ годовъ, напр. Бѣлинскій, вдохновлялись не только „династическимъ“ либерализмомъ Англіи, но и революціонною Франціей и даже современнымъ имъ французскимъ соціализмомъ. Да и относительно Англіи люди сороковыхъ годовъ, — даже и тѣ, которые не были профессорами исторіи, какъ напр, Грановскій, —знали прекрасно, что въ этой странѣ „династическій либерализмъ“ только тогда сталъ возможенъ, когда появились съ Вильгельмомъ III „либеральныя династіи“. А противъ династіи нелиберальной и англичане дѣлали двѣ революціи, причемъ одну династическую голову даже отрубили на эшафотѣ. И хотя за этотъ поступокъ англичанъ съ головою „государя ихъ Каролуса“ московскій царь и лишилъ ихъ торговыхъ льготъ въ отечествѣ Тургенева, но человѣкъ, которому, конечно, нашъ беллетристъ не откажетъ въ уваженіи, ни какъ художнику, ни какъ личности, —Мильтонъ, трижды брался за перо, чтобъ доказать „всѣмъ европейскимъ народамъ“ правоту поведенія англійскаго народа (напр. Defensio pro populo Anglicano и др.)

Все это Тургеневъ, какъ и другіе люди сороковыхъ годовъ, знаетъ, —и если онъ самъ теперь почему нибудь забылъ это, —то другіе очень хорошо помнили, особенно въ 40-е и 50-е годы, — и вовсе не ждали реформъ только сверху, особенно, когда видѣли, что ждать то ихъ нѣтъ никакого основанія. Грановскій напр., когда ему пришлось переживать послѣдніе годы жизни Николая I., которые во многомъ были легкими въ сравненіи съ послѣдними годами Александра II, — и когда онъ не видѣлъ около себя никакихъ проявленій ни революціонныхъ, оппозиціонныхъ, ни „образныхъ“, ни „безобразныхъ“, — то писалъ Герцену: „благо Бѣлинскому, умершему во время“, т. е. ждалъ смерти, а вовсе „не реформъ сверху“. Другіе, какъ Бакунинъ и Герценъ, — или лучше поставленные матерьяльно, или болѣе энергическіе, — не захотѣли ни умирать, ни задыхаться въ ожиданіи реформъ сверху, а кинулись въ революцію за границей и свободнымъ, революціоннымъ словомъ приготовили даже и тѣ реформочки, которыя получила Россія сверху въ первые годы царствованія Александра II. Конечно, если чему нибудь можетъ молодое поколѣніе поучиться у людей сороковыхъ годовъ, — какъ приглашаетъ Тургеневъ въ своей московской рѣчи, — такъ это именно тѣмъ идеямъ, какія мы видимъ у всѣхъ крупныхъ представителей кружковъ Бѣлинскаго и Герцена и той борьбѣ за эти идеи, которую видимъ хоть у нѣкоторыхъ изъ нихъ.

Идеи эти не совсѣмъ подходятъ къ нашему времени, которое не могло же не уйти впередъ, — но точки соприкосновенія между передовыми стремленіями двухъ эпохъ все таки есть. Люди сороковыхъ годовъ установили въ царской Россіи культъ *„человѣческаго достоинства“*, — а это достоинство требовало не только одного *„освобожденія крестьянъ“*, о которомъ одномъ гласно только и говорятъ теперь многіе, — въ томъ числѣ и Тургеневъ, — но *свободы всѣхъ, — политической свободы:* неприкосновенности лица, свобода слова, совѣсти, національности. Свобода эта не мыслима безъ самоуправленія: общиннаго, мѣстнаго и союзнаго. Наблюденіе надъ жизнью народовъ, которые уже осуществили нѣкоторыя части идеала свободнаго общества, показываетъ, что сохраненіе человѣческаго достоинства не возможно при одной только внѣшней, политической свободѣ, а требуетъ экономической обезпеченности, которая достигается только при организаціи коллективнаго труда надъ коллективною собственностью. Тутъ заключается связь между *либерализмомъ* и *соціализмомъ* и переходъ отъ одного къ другому.

Эту связь понимали очень многіе „люди сороковыхъ годовъ“, и переходъ отъ либерализма къ соціализму можно теперь наглядно наблюдать между прочимъ и на исторіи внутренней жизни Бѣлинскаго, конечно одного изъ самыхъ характерныхъ людей сороковыхъ годовъ. И въ возможности наблюденія у Бѣлинскаго этого развитія либерализма и перехода его въ соціализмъ и заключается — одна изъ самыхъ интересныхъ сторонъ біографіи этого человѣка, интересная для молодыхъ поколѣній, какъ и для старыхъ впрочемъ.

Другая поучительная особенность личности Бѣлинскаго

заключается, конечно, въ его страстной потребности высказать *свободно*, *всю* свою мысль. Политическія условія не давали ему на то возможности, — но за то же онъ и не старался примазать вапною гробъ, который его душилъ, —какъ это дѣлаютъ и теперь многіе изъ его товарищей и поклонниковъ, — а ненавидѣлъ его всею душою и при всякой возможности выливалъ эту ненависть хоть въ частныхъ разговорахъ и письмахъ. Письмо къ Гоголю представляетъ самый рѣзкій примѣръ такого разговора—и оно тотчасъ по своемъ написаніи получило публичное значеніе. Теперь, конечно, рукописная публицистика отжила свой вѣкъ, — „либераламъ стараго покроя", „либераламъ 40-хъ годовъ" слѣдуетъ, — если они хотятъ чему нибудь научить младшія поколѣнія, — высказывать свои политическія и соціальныя мысли съ искренностью Бѣлинскаго, — въ печати заграничной, если уже не въ подпольной. Цензура же и искренность не живутъ вмѣстѣ! Пусть напомнитъ это Россіи еще разъ предлагаемое нами письмо одного изъ славнѣйшихъ именъ ея!

Мы очень извиняемся передъ читателями за нашу неуклюжую прозу, которую мы подносимъ имъ передъ блестящими страницами Бѣлинскаго. Но мы не можемъ обойтись еще безъ одной оговорки: о томъ, что заставляетъ насъ, редакцію „Громады", издавать письмо Бѣлинскаго?

Главная цѣль украинскаго сборника „Громада" (La Commune) — приложеніе идей европейскаго федеральнаго соціализма къ Украйнѣ, или Малороссіи, раздѣленной между Россіей, Польшей (Галиція) и Австро-Венгріей (Буковина и Угорская Русь). Въ письмѣ же Бѣлинскаго соціалистическая идея почти не затронута,—и все оно, какъ и вся дѣятельность Бѣлинскаго, касается только Россіи. Въ добавокъ авторитетъ Бѣлинскаго призывается часто противъ такъ называемыхъ „украйнофильскихъ стремленій", въ томъ числѣ и даже противъ стремленія украинцевъ имѣть свою литературу. Мы считаемъ необходимымъ воспользоваться этимъ случаемъ, чтобъ объяснить отношенія къ Украйнѣ Бѣлинскаго въ частности и подобныхъ ему великороссовъ вообще, а также и украинцевъ къ великорусскимъ дѣятелямъ, въ родѣ Бѣлинскаго.

Бѣлинскій не признавалъ украинскаго литературнаго движенія, — но потому ли, что не видѣлъ въ Украйнѣ ничего оригинальнаго, а тѣмъ болѣе симпатичнаго? Совсѣмъ напротивъ.

„Малороссія — страна поэтическая и оригинальная въ высшей степени, — писалъ Бѣлинскій въ 1840 году. Малороссіяне одарены неподражаемымъ юморомъ: въ жизни ихъ простаго народа такъ много человѣческаго и благороднаго. Тутъ имѣютъ мѣсто всѣ чувства, которыми высока натура человѣческая«... (Соч. Бѣл., т. V, стр. 303)

Въѣхавши въ Украйну въ 1846 году онъ писалъ:

„Верстъ за 30 до Харькова я увидѣлъ Малороссію, хотя еще перемѣшанную съ грязнымъ москальствомъ. Избы хохловъ похожи на домики фермеровъ—чистота и красивость неописанныя... *Другія лица, смотрятъ иначе.* Дѣти очень милы, тогда какъ на русскихъ и смотрѣть нельзя—хуже и гаже свиней«... (А. Пыпинъ. В. Гр. Бѣл.,260.)

Разбирая „Слово о Полку Игореви", особенно положеніе въ немъ женщины, Бѣлинскій говоритъ:

»Все это, повторяемъ, отзывается южною Русью, гдѣ и теперь еще такъ много человѣческаго и благороднаго въ семейномъ быту, гдѣ отношеніе половъ основано на любви, а женщины пользуются правомъ своего пола; все это противуположно сѣверной Руси, гдѣ семейныя отношенія грубы, женщина родъ домашней скотины, а любовь совершенно постороннее дѣло при бракахъ: сравните бытъ малороссійскихъ мужиковъ съ бытомъ мужиковъ русскихъ, мѣщанъ, купцовъ и отчасти и другихъ сословій, и вы убѣдитесь въ справедливости нашего заключенія о южномъ происхожденіи „Слова о Полку Игореви«. (Соч. Бѣл. т. V. 89).

Разбирая историческую поэзію великорусскую и оставшись ею недоволенъ со стороны историческаго сознанія, Бѣлинскій восклицаетъ:

«Не такова историческая поэзія Малороссіи... Малороссія была органически-политическимъ тѣломъ, гдѣ всякая отдѣльная личность сознавала себя, жила и дышала въ своей общественной стихіи и потому знала хорошо дѣла своей родины, столь близкія къ его сердцу и душѣ. Народная поэзія Малороссіи была вѣрнымъ зеркаломъ ея исторической жизни. И какъ много поэзіи въ этой поэзіи!" (Соч. Бѣл., V. 236.)

Признавая въ Украйнѣ симпатическую оригинальность содержанія, Бѣлинскій признаетъ и оригинальность формы украинской, — языка:

«Малороссійскій языкъ, говоритъ онъ, дѣйствительно существовалъ во времена самостоятельности Малороссіи и существуетъ теперь—въ памятникахъ народной поэзіи тѣхъ славныхъ временъ.« (соч. Бѣл. V. 303).

И при всемъ томъ Бѣлинскій относится отрицательно къ попыткамъ оригинальной украинской дѣятельности, даже литературной. Вотъ рядъ его мыслей противъ такой дѣятельности:

«Исторія Малороссіи, говоритъ Бѣлинскій, не принадлежитъ къ исторіи всемірно-человѣческой; кругъ ея тѣсенъ, политическое и *государственное значеніе* ея — то же, что въ искусствѣ гротескъ.» (Сочин. V. 236).

У Малороссіянъ нѣтъ и не было своей литературы. »Народная поэзія еще не составляетъ литературы.» (Сочин. V. 303.)

«Что касается Малороссіянъ, то смѣшно и думать, чтобъ изъ ихъ, впрочемъ прекрасной, народной поэзіи могло теперь что нибудь развиться: изъ нея не только ничего не можетъ развиться, но и сама она остановилась еще со временъ Петра Великаго; двинуть ее возможно тогда только, когда лучшая, благороднѣйшая часть малороссійскаго народа оставитъ французскую кадриль и снова пріймется плясать тропака и гопака, фракъ и сюртукъ перемѣнитъ на жупанъ и свитку, выбрѣетъ голову, отпуститъ оселедецъ, словомъ изъ состоянія *цивилизаціи, образованности и человѣчности* (*пріобрѣтеніемъ которыхъ Малороссія обязана соединенію съ Россіей*) снова обратится къ *прежнему варварству и невѣжеству.* Литературнымъ языкомъ Малороссіянъ долженъ быть языкъ ихъ образованнаго общества — языкъ русскій. Если въ Малороссіи и можетъ явиться великій поэтъ, то не иначе, какъ подъ условіемъ, чтобъ онъ былъ русскимъ поэтомъ, *сыномъ Россіи*, горячо принимающимъ къ сердцу ея интересы, страдающимъ ея страданіями, радующимся ея радостью. *Племя* можетъ имѣтъ только народныя пѣсни, но *не можетъ имѣть поэтовъ*, а тѣмъ менѣе великихъ поэтовъ: великіе поэты являются только у великихъ націй, *что за нація безъ великаго и самобытнаго политическаго значенія?*» (Сочин, V. 64—65)*)

„Не должно забывать, что Малороссія начала выходить изъ своего непосредственнаго состоянія вмѣстѣ съ Великороссіею, со временъ Петра Великаго, что до тѣхъ поръ какой нибудь вельможный гетманъ отличался отъ простаго козака не идеями, не образованіемъ, но старостью, опытностью, а иногда только богатымъ платьемъ, большими хоромами и обильною трапезою. Языкъ былъ общій, потому что идеи послѣдняго козака были въ уровень съ идеями пышнаго гетмана. Но съ Петра Великаго, началось раздѣленіе сословій. Дворянство, по ходу исторической необходимости, приняло русскій языкъ и русско-европейскіе обычаи въ образѣ жизни. Языкъ самаго народа началъ портиться, и теперь чистый малороссійскій языкъ находится преимущественно въ однѣхъ книгахъ. Слѣдовательно, мы имѣемъ полное право сказать, что теперь уже нѣтъ малороссійскаго языка, а есть областное малороссійское нарѣчіе, какъ есть бѣлорусское, сибирское и другія, подобныя имъ областныя нарѣчія.

---

*) Въ объясненіе этихъ словъ слѣдуетъ напомнить слѣдующее обращеніе Бѣлинскаго къ болгарину Априлову: „*Турки—народъ*, образующій собою *государство*, а *болгаре* — только *племя*, не образующее собою никакого политическаго общества, и въ этомъ то и заключается причина турецкаго господства надъ вами, какъ *историческаго права, которое есть сила.*“ (Сочин. VI. 452.)

„Теперь очень легко рѣшается и второй вопросъ: должно ли и можно ли писать по-малороссійски? Обыкновенно пишутъ для публики, а подъ »публикою« разумѣется классъ общества, для котораго чтеніе есть родъ постояннаго занятія, есть нѣкотораго рода необходимость. Поэтому, въ составъ публики можетъ войдти и гостиннодворскій сидѣлецъ, даже съ бородкою, и — если хотите — деревенскій мужичекъ; но все-таки это будетъ исключеніемъ: собственно публика состоитъ изъ высшихъ, образованнѣйшихъ слоевъ общества. Поэзія есть идеализированіе дѣйствительной жизни: чью же жизнь будутъ идеализировать наши малороссійскіе поэты? — Высшаго общества Малороссіи? Но жизнь этого общества переросла малороссійскій языкъ, оставшійся въ устахъ одного простаго народа, — и это общество выражаетъ свои чувства и понятія не на малороссійскомъ, а на русскомъ и даже французскомъ языкахъ. И какая разница, въ этомъ случаѣ, между нарѣчіемъ малороссійскимъ и русскимъ языкомъ! Русскій романистъ можетъ вывести въ своемъ романѣ людей всѣхъ сословій и каждаго заставить говорить своимъ языкомъ: образованнаго человѣка языкомъ образованныхъ людей, купца по купечески, солдата по солдатски, мужика по мужицки. А малороссійское нарѣчіе одно и тоже для всѣхъ сословій—крестьянское. Поэтому, наши малороссійскіе литераторы и поэты пишутъ повѣсти всегда изъ простаго быта и знакомятъ насъ только съ Марусями, Одарками, Прокипами, Кандзюбами, Стецьками и тому подобными особами. Гдѣ жизнь, тамъ и поэзія: слѣдовательно и въ простомъ быту есть поэзія? Правда; но для этой поэзіи нужны слишкомъ огромные таланты. *Мужицкая жизнь сама по себѣ мало интересна для образованнаго человѣка*: слѣдственно, нужно много таланта, чтобы идеализировать ее до поэзіи. Это дѣло какого нибудь Гоголя, который въ малороссійскомъ бытѣ умѣлъ найдти общее и человѣческое, въ простомъ быту умѣлъ подстеречь и уловить играніе солнечнаго луча поэзіи; въ ограниченномъ кругу умѣлъ подсмотрѣть разнообразіе страстей, положеній, характеровъ. Но это потому что для творческаго таланта Гоголя существуютъ не одни парубки и дивчата, не одни Аѳанасіи Ивановичи съ Пульхеріями Ивановнами, но и Тарасъ Бульба съ своими могучими сынами; не одни Малороссы, но и Русскіе, и не одни Русскіе, но человѣкъ и человѣчество. Геній есть полный властелинъ жизни и беретъ съ нея полную дань, когда бы и гдѣ бы ни захотѣлъ. Какая глубокая мысль въ этомъ фактѣ, что Гоголь, страстно любя Малороссію, все-таки сталъ писать по русски, а не по малороссійски!“

„Гоголь не всѣмъ можетъ быть примѣромъ. Тѣмъ не менѣе *жалко видѣть, когда и маленькое дарованіе попусту* тратитъ *свои силы, пиша по малороссійски — для малороссійскихъ крестьянъ...* Хороша литература, которая только и дышетъ, что *простоватостію крестьянскаго языка* и *дубоватостію крестьянскаго ума*!“ (Соч. Бѣл. V. 303—306)

Въ выписанныхъ словахъ заключаются почти всѣ возраженія, которыя и до сихъ поръ дѣлаются противъ украинскихъ стремленій, даже литературныхъ. Вдумавшись въ одни подчеркнутыя нами слова, — не трудно увидѣть ихъ основы: *на первомъ* планѣ — узкую государственность, мѣстнаго, московско-петербургскаго, происхожденія, въ берлинской, — гегеліанской формѣ. По этому взгляду не только внѣ государства нѣтъ народа, но только государство создаетъ какую нибудь интеллектуальную жизнь. Отсюда между прочимъ и культъ Петра Великаго, который такъ силенъ у Бѣлинскаго. Во *вторыхъ* въ словахъ Бѣлинскаго видимъ пренебреженіе къ массамъ дѣйствительнаго народа, — къ мужикамъ. При такомъ узко государственномъ и аристократическомъ взглядѣ, — понятно, что разъ у украинцевъ нѣтъ ни государства, ни аристократіи, — они не должны имѣть литературы. Впрочемъ изъ этихъ взглядовъ можно было бы вывести и другое: а именно, что „оригинальные" украинцы должны были бы стремиться къ тому, чтобъ образовать свое государство и свою аристократію. Но этого вывода логика не подсказала писателю-великоруссу, — а когда нѣкоторые украинцы стали, въ виду аргументовъ, въ родѣ приведенныхъ изъ Бѣлинскаго, приходить къ мысли если не о своемъ государствѣ и аристократіи, то хотя объ автономіи, тогда исходная точка возраженій перемѣнилась и ихъ стали побивать съ точки зрѣнія „широты интересовъ" и демократіи, которой-де никакая автономія не интересна.

Въ словахъ Бѣлинскаго замѣчается еще и *третья* основная черта возраженій противъ украинскихъ стремленій: это *незнаніе старой и новой жизни украинскаго народа*. Такъ мысль, что только Петръ Великій вывелъ Россію изъ непосредственности и варварства не совсѣмъ вѣрна и относительно Московіи, но уже совершенно невѣрна относительно Украйны, которая сама дала дѣятелей для реформы въ Московіи.

На сколько широки были зачатки культурной жизни въ Украйнѣ XVI-XVII вв., — на сколько она непосредственно соприкасалась съ Европою, — это теперь и обыкновенный читатель можетъ увидѣть напр. изъ главы о Малорусской литературѣ въ новомъ изданіи „Исторіи Слав. Литературъ" гг. Пыпина и Спасовича. Оттуда же можно убѣдиться и въ невѣрности мысли о томъ, что на Украйнѣ не было никакой литературы, кромѣ народныхъ пѣсенъ. И если въ Украйнѣ XVI-XVII было больше единства въ языкѣ между высшими и низшими классами, — то не столько потому, чтобъ въ ней было одно общее варварство, сколько потому, что тогда цивилизація и литература была ближе къ народу по своему языку. По многимъ признакамъ можно утверждать, что „мужики“ въ Украйнѣ XVII ст. были менѣе варварами, чѣмъ ко времени Бѣлинскаго, послѣ того, какъ государство россійское оторвало отъ массы высшіе классы, и помогло этимъ послѣднимъ закрѣпоспостить ее. А это обстоятельство даетъ нѣсколько иное значеніе тому дѣйствительному, — но вовсе не разумному и всего менѣе вѣчному факту, что высшіе классы въ Украйнѣ отдѣлились отъ народа языкомъ. Наконецъ не слѣдуетъ забывать, что не вся Украйна помѣщается въ Россіи а что болѣе 3.500.000 украинцевъ живетъ въ Австріи. Впрочемъ во время Бѣлинскаго упускать это изъ виду было простительнѣе, чѣмъ теперь, когда въ Австріи, благодаря болѣе свободнымъ политическимъ формамъ, украинцы получили свои школы, нисшія, среднія и даже свои каѳедры въ университетѣ, — что сейчасъ же отразилось на поднятіи самосознанія и у „мужиковъ“.

Теперь многое изъ сейчасъ сказаннаго, чего не зналъ Бѣлинскій, уже болѣе извѣстно, — но нельзя сказать, чтобъ оно вѣрно понималось, или даже твердо помнилось публикою и публицистами въ Россіи. Причина этому заключается главнымъ образомъ въ томъ, что у руководителей общественнаго мнѣнія въ Россіи нѣтъ не только знаній, но, — еще хуже, — вниманія ко всему, что выходитъ за предѣлы столичной и, много-много, великорусской жизни. Этотъ недостатокъ былъ силенъ и въ Бѣлинскомъ, — и онъ то и былъ причиною, почему столь чуткій человѣкъ и столь горячій логикъ,—даже ставши совершенно на либеральную и даже на соціалистическую почву воззрѣній, перемѣнивши взглядъ на литературу для мужиковъ и о мужикахъ въ Великороссіи,—остался при старыхъ бюрократическихъ и аристократическихъ мнѣніяхъ объ украинской литературѣ и самымъ близорукимъ образомъ оцѣнилъ такое явленіе, какъ Шевченко и его кіевскій кружокъ.

Въ книгѣ г. Пыпина находимъ слѣдующую страницу: (310)

„Парижскіе друзья, между прочимъ, желали имѣть свѣдѣнія о судьбѣ Шевченка, сосланнаго не задолго передъ тѣмъ. Одинъ изъ этихъ друзей, котораго Бѣлинскій называетъ »вѣрующимъ другомъ«, былъ очень расположенъ въ пользу Шевченка. Бѣлинскій, по пріѣздѣ въ Петербургъ, »наводилъ справки« и пришелъ къ самому неблагопріятному выводу: по справкамъ (которыя, какъ видно, не были совершенно точны) выходило, что Шевченко былъ авторомъ »пасквилей« и за это былъ посланъ солдатомъ на Кавказъ. Такого рода люди, по мнѣнію Бѣлинскаго, — »враги всякаго успѣха«, потому что своими поступками »раздражаютъ правительство, дѣлаютъ его подозрительнымъ, готовымъ видѣть бунтъ тамъ, гдѣ ровно ничего нѣтъ, и вызываютъ мѣры, крутыя и гибельныя для литературы и просвѣщенія«. — Сколько мы знаемъ, дѣло было не совсѣмъ такъ, какъ разсказываетъ Бѣлинскій, но онъ тогда не имѣлъ другого толкованія этого факта, и самымъ рѣзкимъ образомъ возстаетъ противъ Шевченка. Кромѣ того, опасеніе возбудить подозрительность и вызвать крутыя мѣры видимо овладѣло Бѣлинскимъ подъ вліяніемъ ожиданій, что тогда предстояло разрѣшеніе крестьянскаго вопроса... Въ доказательство своихъ опасеній Бѣлинскій приводитъ одну исторію изъ тогдашней цензурной практики. Не задолго передъ тѣмъ вышла одна книжка о малороссійской исторіи въ которой, по словамъ Бѣлинскаго, была между прочимъ высказана мысль, что Малороссія или должна оторгнуться отъ Россіи, или погибнуть. Книжка прошла благополучно; но впослѣдствіи на нее сдѣланъ былъ доносъ, и цензору (человѣку очень уважаемому) грозило преслѣдованіе, которое едва могло быть отклонено. цензоръ уцѣлѣлъ, но вышелъ въ отставку, чтобъ уйти отъ фальшиваго положенія между требовательными цензурными властями и литературой, которой не хотѣлъ тѣснить мелочными придирками. Въ цензурѣ вообще начинались строгости; Бѣлинскій характеризуетъ при этомъ тогдашняго начальника цензуры, Мусина-Пушкина. Между прочимъ вскорѣ за упомянутымъ случаемъ съ малорусской книжкой открылось гоненіе противъ французскихъ романовъ — запрещены были «Манонъ-Леско» и романы Ж. Занда «Пиччинино» и «Леонъ-Леони». По словамъ Бѣлинскаго, цензура вообразила, что авторъ упомянутой книжки „набрался хохлацкаго патріотизма изъ французскихъ романовъ“.

Жаль, что г. Пыпинъ не напечаталъ подлинника письма Бѣлинскаго, — тогда бы яснѣе было видно, что Бѣлинскій не узналъ даже, за что обвиненъ былъ Шевченко и другіе „хохлы“ (Костомаровъ, Кулишъ, А. Маркевичъ и др.), такъ такъ по словамъ Бѣлинскаго вина Шевченка состояла въ гнусномъ пасквилѣ на императрицу, какъ на женщину. Не узналъ Бѣлинскій и о томъ, что это за книжка, которая возмутила цензоровъ: это была книга г. Кулиша „Повѣсть объ Украйнѣ“, — и въ ней не столько проводилась мысль объ отдѣленіи Малороссіи, сколько протестъ противъ закрѣпощенія въ ней крестьянъ. Какъ теперь извѣстно всѣмъ, этотъ протестъ въ болѣе рѣзкой формѣ составляетъ главное содержаніе поэмъ Шевченка, такъ возмутившихъ Николая I. Въ этомъ смыслѣ цензура была болѣе права, чѣмъ Бѣлинскій и даже біографъ его,—когда усмотрѣла связь „хохлацкаго патріотизма" съ „французскими романами" ближайшей къ 1848 году эпохи,—и, конечно, не отнесись Бѣлинскій къ „хохламъ", какъ къ чему то чужому, которое только можетъ вредить „*его*" родной литературѣ, раздражая *его* правительство, онъ, при своемъ тогдашнемъ политическомъ образѣ мыслей, не такъ бы отнесся къ Шевченку и его друзьямъ, — которыхъ онъ называетъ въ письмѣ своемъ просто „хохлацкими свиньями, годными только на сало".

Замѣчательно, что въ то время, когда представитель великороссійскихъ западниковъ обнаружилъ такое незнаніе и непониманіе перваго проявленія самостоятельной общественной мысли на Украйнѣ, — вождь московскихъ славянофиловъ, Хомяковъ писалъ по этому же поводу къ Самарину:

Малороссіянъ повидимому заразила политическая дурь. Досадно и больно видѣть такую нелѣпость и отсталость. Когда общественный вопросъ только поднятъ и не только не разрѣшенъ, но даже и не близокъ къ разрѣшенію, люди, повидимому умные, хватаются за политику! *Не знаю*, до какой степени было преступно заблужденіе бѣдныхъ Малороссіянъ, *а знаю*, что безтолковость ихъ очень ясна. Время политики миновало. Это Кирѣевскій напечаталъ тому ужъ два года." (Русск. Арх. 1879. г. XI., 327—328)

Подъ словомъ „общественный вопросъ," — какъ видно изъ дальнѣйшаго письма Хомякова (тамъ же 331), должно разумѣть вопросъ крестьянскій, — а „политика"—это вопросъ о „сепаратизмѣ". Между тѣмъ въ „братствѣ" безтолковыхъ Костомарова и Шевченка—постановлены было на первый планъ именно общественные вопросы: освобожденіе крестьянъ и народное образованіе,—а только для болѣе или менѣе отдаленнаго будущаго намѣченъ былъ политическій вопросъ, но не о сепаратизмѣ украинской Гетманщины, какъ думаютъ многіе и до сихъ поръ, — а о федераціи всѣхъ славянъ! (См. „Колоколъ" 1860, №61 „Украйна". Громада", № II, 228—231, № IV, 122—125). И какъ нарочно, нечуждый мистицизма московскихъ славянофиловъ, г. Кулишъ писалъ своимъ кіевскимъ друзьямъ: „оставьте политику; *самъ по себѣ* (?!) настанетъ часъ, когда отъ Вашего слова упадутъ стѣны іерихонскія."

Эта черта: незнаніе того, что такое Украйна и ея интересы, чего и какъ хотятъ украинцы, и вмѣстѣ съ тѣмъ смѣлость въ рѣшеніи украинскихъ вопросовъ и рѣшительность приговоровъ надъ „хохлацкими свиньями и ихъ безтолковіемъ“,—составляетъ характеристическую особенность всѣхъ почти великорусскихъ дѣятелей, даже самыхъ лучшихъ. Тотъ парижскій другъ, который интересовался Шевченкомъ, — былъ, если не ошибаемся, Герценъ. Несомнѣнно, онъ обнаружилъ въ данномъ случаѣ больше чутья, чѣмъ его петербургскій другъ. Послѣ же, въ „Колоколѣ“(61) онъ помѣстилъ вышеупомянутую статью „Украйна“, очевидно, писанную однимъ изъ главныхъ членовъ Костомаровско-Шевченсковскаго „братства“, — и назвалъ Шевченка „едва ли не единственнымъ народнымъ поэтомъ“. Но, когда настало время вспомнить объ Украйнѣ, при рѣшеніи важнаго жизненнаго вопроса, Герценъ забылъ о ней и даже о томъ, что было напечатано въ его же „Колоколѣ“, [1]) —и безусловно присоединился къ манифесту польскихъ революціонеровъ 1863 г., которые заявили желаніе возстановить Польшу въ границахъ до перваго раздѣла 1773 г., т. е. совершить новый *раздѣлъ* Украйны! [2]) Если бы Герценъ зналъ и помнилъ хоть бы то, что писали Костомаровъ, Шевченко, Кулишъ, Антоновичъ,—„Основа“ и галицкіе журналы,—онъ никогда бы не сдѣлалъ такого крупнаго промаха, — вреднаго и для польской, и для великорусской свободы. Какъ дополненіе къ этому надо сказать, что если бы великороссійское общество знало тоже самое, то оно никогда бы не позволило Каткову увѣрить себя, что все украинское движеніе есть дѣло интриги поляковъ!

Совершенно такой же промахъ незнанія и невниманія, какъ сдѣланный Герценымъ, обнаружилъ и Чернышевскій, когда въ статьѣ „Національная безтактность“ [3]) укорялъ галичанъ-русиновъ, зачѣмъ они не идутъ за одно съ польскими политиками противъ австрійскаго правительства, — между тѣмъ какъ эти политики сами готовы идти съ кѣмъ угодно (въ томъ числѣ и съ австрійскимъ правительствомъ), только бы имъ было обезпечено господство надъ крестьянами и надъ русинами. Вообще во всѣхъ, какъ положительныхъ, такъ и отрицателныхъ, разсужденіяхъ великоруссовъ о такъ называемомъ русско-польскомъ вопросѣ,—отъ „Московскихъ

---

[1]) Россія и Польша, Колок. 1859 г. 1 Янв., 15 Янв. 1 Марта.
[2]) Колок. 1862 г. 2 Окт., 15 Окт.
[3]) Современникъ 1861, IX.

Вѣдомостей" до „Впередъ", [1]) исключая только позднѣйшихъ рѣчей Бакунина [2]) вы, видите одну только великорусскую точку зрѣнія, съ забвеніемъ того, что какъ народъ великоруссы вовсе и не соприкасаются съ поляками и что весь этотъ „русско-польскій" вопросъ съ народной, а не государственной точки зрѣнія есть вопросъ поляковъ съ одной стороны и литвиновъ, бѣлоруссовъ и украинцевъ съ другой стороны и что по этому онъ рѣшится только тогда, когда среди поляковъ образуется партія демократовъ и федералистовъ, которая откажется разъ на всегда отъ всякихъ границъ 1772 г. До сихъ поръ, правда, этой партіи не видно ни между старыми польскими политиками, ни даже между новыми польскими соціалистами. Но сила вещей, конечно, породитъ такую партію; и она пойдетъ объ руку съ подобными народными партіями литовскаго, бѣлорусскаго и украинскаго народа, а тогда великоруссамъ всѣхъ партій и такъ называемой „*Россіи*" придется имѣть дѣло не съ одною ***Польшею***, — а съ разными федеративными элементами, которые обнимутъ всю западную половину нынѣшней имперіи Романовыхъ и будутъ тѣсно связаны съ родственными и сосѣдними имъ элементами въ Пруссіи, —Австро-Венгріи и Румыніи.

Несомнѣнно, что федеративные элементы эти найдутъ себѣ сочувствіе и въ великорусскомъ обществѣ, — но пока постоянное забвеніе самаго существованія украинскаго народа, невниманіе къ его интересамъ и незнаніе ни его прошлаго ни настоящаго,—за тѣмъ узко-государственный и часто явно-аристократическій взглядъ на этотъ народъ составляетъ характеристическія черты великорусскихъ дѣятелей, какъ и польскихъ, по отношенію къ Украйнѣ. [3]) Съ теченіемъ времени эти черты стали все больше

---

[1]) Т. I., стр. 25.

[2]) Историческое развитіе интернаціонала, стр. 350—351.

[3]) Къ стати, какъ мало оказала до сихъ поръ вліянія вышеупомянутая прекрасная статья Бакунина на польскую и великорусскую соціалистическую печать, можно видѣть напр. изъ того, что недавно въ петербургскомъ „органѣ соціалистовъ-федералистовъ" («Черный Передѣлъ, № 1) мы прочли тоже, что и въ женевскомъ „органѣ польскихъ соціалистовъ" «Równość» — что будто „Галиція — австрійская часть Польши!!" между тѣмъ, какъ даже французы (Elisée Reclus. Géographie Universelle, III, 588)—уже называютъ ее: „австр-

прививаться и къ омоскновленнымъ и ополяченнымъ образованымъ классамъ на самой Украинѣ. Представители этихъ классовъ отъ правыхъ до самыхъ лѣвыхъ, въ массѣ своей, чѣмъ дальше, все меньше стали обнаруживать охоты знать не только „украинскій" народъ, но даже мѣстные интересы и жизнь всѣхъ жителей Украйны вообще, а это все и дѣлаетъ все болѣе настоятельнымъ своего рода home rule: *отдѣльную организацію* образованныхъ украинцевъ, которые ставили бы своею главною цѣлью, — при полномъ усвоеніи общеевропейской культуры (съ фракомъ и французской кадрилью, если хотите, а ужъ, конечно, съ знаніемъ французскаго языка), — сохранить и упрочить связь свою съ страною и и ея многочисленнѣйшимъ племенемъ, связь по мѣсту дѣятельности и по формѣ ея, главнымъ образомъ, по языку. Ходъ исторіи болѣе чѣмъ доказалъ, что созданные,—послѣ раздѣла Украйны между Московіей, Польшею и Турціею въ концѣ XVII в.,—чужими государствами образованные классы на Украйны не въ состояніи и не хотятъ служить ея интересамъ.*) А потому надо, чтобъ рана, панесенная этимъ перерывомъ, совершенно внѣшнимъ, а вовсе не органическимъ, какъ думалъ напр. Бѣлинскій, была залѣчена, иначе она атрофируетъ и послѣдніе силы страны и многочисленнѣйшаго ея народа,—что отзовется вредно и на интересахъ колоній и на самыхъ континентахъ привиллегированныхъ народовъ, польскаго и великорусскаго, такъ какъ и для нихъ не все равно имѣть своими сосѣдами полныхъ, самосознательныхъ, или забитыхъ, безсловесныхъ людей.

Самымъ дѣйствительнымъ средствомъ, какое могло бы быть принято для этого возстановленія связи образованныхъ классовъ на Украйнѣ съ народомъ украинскимъ, было бы, конечно, возстановленіе ***политической самостоятельности Украйны.*** Но это трудно вообще, а въ особен-

---

рійская Польша и Украйна"). Иначе и вполнѣ интернаціонально смотритъ на Галицію органъ польскихъ и украинскихъ рабочихъ въ Львовѣ «Praca». (См. № 6 1880).

*) Довольно будетъ напомнить, что на территоріи черниговскаго козацкаго полка было въ 1748 г. 143 школы, а въ 1875 г., даже послѣ учрежденія земства, всего 52,— что кіевскій учебный округъ, самый просвѣщенный въ Россіи XVII в., теперь послѣдній по числу народныхъ школъ, кромѣ Оренбургскаго и Сибири. Подробнѣе см. объ этомъ въ „Громадѣ" т. II, стр. 393—406.

гой стороны слабость этихъ зачатковъ и кадровъ и постоянная увѣренность въ поддержкѣ со стороны царской полиціи и III отдѣленія осмѣляетъ агентовъ австро-венгерской полиціи въ ихъ мѣрахъ противъ украинцевъ россійскихъ и даже мѣстныхъ.

Вотъ почему люди, сознающіе себя украинцами, какихъ бы философскихъ, политическихъ и соціальныхъ мыслей они не были, одинаково заинтересованы въ *устраненіи въ Россіи административнаго произвола*, или иначе въ *установленіи политической свободы*. Говоримъ *политической свободы*, а не *конституціоннаго образа правленія*, потому что это не одно и тоже: политическая свобода это значитъ прежде всего *свобода лица*,—его вѣры, равно какъ и невѣрія, его національной жизни, его слова, его группированія съ другими,—а самодержавный парламентъ, извѣстнымъ образомъ составленный, можетъ всего этого и не дать, какъ и самодержавный государь, и даже по большей части не даетъ, особенно въ централизованныхъ государствахъ. Въ частности относительно Россіи, мы почти вполнѣ увѣрены, что Земскій Соборъ имперіи сохранитъ преобладаніе великорусской народности и интересовъ центральныхъ московскихъ провинцій надъ всѣми другими, особенно въ вопросахъ школьныхъ и экономическихъ *). А потому для насъ, какъ для украинцевъ, также интересно ограниченіе власти и центральнаго земскаго собора провозглашеніемъ неприкосновенности *личныхъ правъ* (въ число которыхъ входятъ и національныя) и организаціей *мѣстнаго самоуправленія:* общиннаго, уѣзднаго, губернскаго, областнаго, какъ и ограниченіе произвола царскаго. И такъ какъ только при этихъ двухъ условіяхъ и возможна какая либо дѣйствительная политическая свобода, то мы надѣемся, что по крайней мѣрѣ извѣстная часть друзей свободы и среди великоруссовъ, особенно изъ окраинныхъ губерній, поддержитъ эти требованія неприкосновенныхъ личныхъ правъ и широкой мѣстной свободы, безъ которыхъ для невеликорусскихъ народностей и въ конституціонной Россіи жизнь останется почти такъ-же невыносима, какъ невыносима она и въ

*) Напомнимъ поведеніе парламентскаго большинства въ Берлинѣ относительно Познани и Эльзаса, въ Вѣнѣ и Пештѣ относительно славянъ, во Львовѣ относительно русиновъ.

Россіи царскаго самодержавія. Само собою разумѣется, что къ такъ поставленному вопросу о политической свободѣ въ Россіи должны отнестись съ сочувствіемъ и поддержкою всѣ люди не славянскихъ „окраинъ" ея: литовцы, латыши, эсты, румыны, кавказцы, а также славяне-поляки, которые до сихъ поръ считали болѣе согласною съ своими интересами программу не федерализма, а сепаратизма, при своего рода централизмѣ, — и даже финдляндцы, которыхъ мѣстная жизнь всегда будетъ менѣе стѣсняема федеральною, чѣмъ централизованною Россіей.

Вслѣдствіе этихъ соображеній редакція „Громады", употребляя большую часть своихъ средствъ и труда на изученіе и пропаганду соціально-экономическаго вопроса среди украинскаго населенія въ Россіи и Австріи, считала необходимымъ содѣйствовать, по мѣрѣ силъ, и поднятію и разъясненію вопроса о политической свободѣ въ Россіи, издавая время отъ времени брошюры на великороссійскомъ языкѣ не только какъ на болѣе ей доступномъ, — чѣмъ напр. польскій, или румынскій, или нѣмецко-еврейскій, или венгерскій, которыми говорятъ ближайшіе сосѣди и часто односельцы украинцевъ и которыми тоже должна пользоваться украинская печать,—но и какъ на языкѣ de facto федеральномъ на Востокѣ Европы. По этимъ же соображеніямъ мы сочли необходимымъ взяться за изданіе письма Бѣлинскаго къ Гоголю, какъ одного изъ первыхъ памятниковъ мысли о личномъ достоинствѣ и политической свободѣ въ Россіи,—предметахъ одинаково интересныхъ для всѣхъ ея народовъ. Каковы бы ни были мнѣнія такихъ людей какъ Бѣлинскій, о нашихъ украинскихъ дѣлахъ и интересахъ въ частности, мнѣнія, которыя мы не можемъ считать ни чѣмъ инымъ, какъ отголоскомъ старыхъ государственно-сословныхъ привычекъ, результатомъ незнанія и недодуманности, — но подобное выраженіе и защита основныхъ правъ человѣческой личности, найдетъ въ насъ всегда горячихъ поклонниковъ и, если нужно, помощниковъ.

М. Драгомановъ.

Женева.
18 Марта 1880.

ПИСЬМО БѢЛИНСКАГО

Вы только отчасти правы, увидавъ въ моей статьѣ *разсерженнаго* человѣка: этотъ эпитетъ слишкомъ слабъ и нѣженъ для выраженія того состоянія, въ которое привело меня чтеніе вашей книги. Но вы вовсе неправы, приписавши это вашимъ, дѣйствительно не совсѣмъ лестнымъ отзывамъ, о почитателяхъ вашего таланта. Нѣтъ, тутъ была причина болѣе важная. Оскорбленное чувство самолюбія еще можно перенести, и у меня достало бы ума промолчать объ этомъ предметѣ, еслибы все дѣло заключалось въ немъ, но нельзя перенести оскорбленнаго чувства истины, человѣческаго достоинства; нельзя молчать, когда подъ покровомъ религіи и защитою кнута проповѣдаютъ ложь и безнравственность, какъ истину и добродѣтель.

Да, я любилъ васъ со всею страстью, съ какою человѣкъ, кровно связанный съ своей страною, можетъ любить ея надежду, честь, славу, одного изъ великихъ вождей ея на пути сознанія, развитія, прогресса. И вы имѣли основательную причину хоть на минуту выйти изъ спокойнаго состоянія духа, потерявши право на такую любовь. — Говорю это не потому, чтобы я считалъ любовь свою наградою великаго таланта, а потому, что въ этомъ отношеніи я представляю не одно, а множество лицъ, изъ которыхъ ни вы, ни я не видали самаго большаго числа, и которые въ свою очередь тоже никогда не видали васъ. Я не въ состояніи дать вамъ ни малѣйшаго понятія о томъ негодованіи, которое возбудила ваша книга во всѣхъ благородныхъ сердцахъ, ни о тѣхъ воплях дикой радости, которые издали при появленіи ея всѣ враги ваши, и нелитературные — Чичиковы, Ноздревы, Городничіе... и литературные, которыхъ имена хорошо вамъ извѣстны. Вы видите сами, что отъ вашей книги отступились даже люди, повидимому одного духа съ ея духомъ.

[illegible]

мѣщики со своими крестьянами и сколько послѣдніе ежегодно рѣжутъ первыхъ), что доказывается его робкими безплодными полумѣрами въ пользу бѣлыхъ негровъ, и комическимъ замѣненіемъ однохвостнаго кнута трехвостною плетью.

Вотъ вопросы, которыми тревожно занята вся Россія въ ея апатичномъ снѣ! и въ это-то время великій писатель, который своими дивно-художественными, глубоко-истинными твореніями такъ могущественно содѣйствовалъ самосознанію Россіи, давши ей возможность взглянуть на самое себя, какъ будто въ зеркалѣ —является съ книгою,въ которой во имя Христа и церкви учитъ варвара помѣщика наживать отъ крестьянъ больше денегъ, учитъ ихъ ругать побольше... И это не должно было привести меня въ негодованіе?... Да еслибы вы обнаружили покушеніе на мою жизнь, и тогда бы я не болѣе возненавидѣлъ васъ какъ за эти позорныя строки... И послѣ этого вы хотите, чтобы вѣрили искренности направленія вашей книги! Нѣтъ! еслибы вы дѣйствительно преисполнились истиною Христовою, а не дьяволова ученія, — совсѣмъ не то написали бы въ вашей новой книгѣ. Вы сказали бы помѣщику: что такъ, какъ крестьяне его братья о Христѣ, а какъ братъ не можетъ быть рабомъ своего брата, то онъ и долженъ или дать имъ свободу, или хотя по-крайней мѣрѣ пользоваться ихъ трудами какъ можно выгоднѣе для нихъ, сознавая себя, въ глубинѣ своей совѣсти, въ ложномъ положеніи въ отношеніи къ нимъ.

А выраженіе: *Ахъ ты неумытое рыло*! Да у какого Ноздрева, у какого Собакевича подслушали вы его, чтобы передать міру, какъ великое открытіе въ пользу и назиданіе мужиковъ, которые и безъ того потому не умываются, что повѣривъ своимъ барамъ, сами себя не считаютъ за людей? А ваше понятіе о національномъ русскомъ судѣ и расправѣ, идеалъ котораго нашли вы въ глупой поговоркѣ, что должно пороть и правого и виноватого? Да, это и такъ у насъ дѣлается въ частую, хотя еще чаще всего порютъ только правого, если ему нечѣмъ откупиться отъ преступленія, и другая поговорка говоритъ тогда: Безъ вины виноватъ! И такая-то книга могла быть результатомъ труднаго внутренняго процесса, высокаго духовнаго просвѣтленія! Не можетъ быть! Или вы больны и вамъ надо спѣшить лечиться, или... не смѣю досказать моей мысли!... Проповѣдникъ кнута, апостолъ невѣжества, поборникъ обскурантизма и мракобѣсія, панегиристъ татарскихъ нравовъ -- что вы дѣлаете! Взгляните себѣ подъ ноги, вѣдь вы стоите надъ бездною!... Что вы подобное ученіе опираете на православную церковь, это я еще понимаю: она всегда была опорою кнута и угодницей деспотизма; но Христа-то зачѣмъ вы примѣшали тутъ? Что вы нашли общаго между нимъ и какою-нибудь, а тѣмъ болѣе православною церковью? Онъ первый возвѣстилъ людямъ ученіе свободы, равенства и братства и мученичествомъ запечатлѣлъ, утвердилъ истину своего ученія. И оно только до тѣхъ поръ и было *спасеніемъ* людей, пока не организовалось въ церковь и не приняло за основаніе принципа ортодоксіи. Церковь-же явилась іерархіей, стало быть поборницей неравенства, льстецемъ власти, врагомъ и гонительницею братства между людьми—чѣмъ продолжаетъ быть и до сихъ поръ. Но смыслъ Христова слова открытъ философскимъ движеніемъ прошлаго вѣка. И вотъ почему какой-нибудь Вольтеръ, орудіемъ насмѣшки погасившій въ Европѣ костры фанатизма и невѣжества, конечно болѣе сынъ Христа, плоть отъ плоти его и кость отъ костей его, нежели всѣ ваши попы, архіереи, митрополиты, патріархи! Неужели вы этого не знаете! Вѣдь это теперь не новость для всякаго гимназиста... А потому неужели вы, авторъ «Ревизора» и «Мертвыхъ Душъ», неужели вы искренно отъ души пропѣли гимнъ гнусному русскому духовенству, поставивъ его неизмѣримо выше духовенства католическаго? Положимъ, вы не знаете, что второе когда-то было чѣмъ то, между тѣмъ какъ первое никогда ничѣмъ не было, кромѣ какъ слугою и рабомъ свѣтской власти; но неужели же въ самомъ дѣлѣ вы не знаете, что наше духовенство находится во всеобщемъ презрѣніи у русскаго общества и русскаго народа? Про кого русскій народъ разсказываетъ похабную сказку? Про попа, попадью, попову дочь и попова работника. Не есть-ли попъ на Русси для всѣхъ русскихъ представитель обжорства, скупости, низкопоклонничества, безстыдства? И будто всего этого вы не знаете? Странно! По вашему русскій народъ самый религіозный въ мірѣ: ложь! Основа религіозности есть піэтизмъ, благоговѣніе, страхъ Божій. А русскій человѣкъ произноситъ имя Божіе почесывая себѣ кое-гдѣ. Онъ говоритъ объ образѣ: годится—молиться, а не годится—горшки покрывать.

Приглядитесь попристальнѣе и вы увидите, что это по натурѣ глубоко-атеистическій народъ. Въ немъ еще много суевѣрія, но нѣтъ и слѣда религіозности. Суевѣріе проходитъ съ успѣхами цивилизаціи, но религіозность часто уживается и съ ними; живой примѣръ Франція, гдѣ и теперь много искренних католиковъ между людьми просвѣщенными и образованными и гдѣ многіе, отложившись отъ Христіанства, все еще упорно стоятъ за какого-то Бога. Русскій народъ не таковъ; мистическая экзальтація не въ его натурѣ; у него слишкомъ много для этого здраваго смысла, ясности и положительности въ умѣ, и вотъ въ этомъ-то можетъ быть огромность историческихъ судебъ его въ будущемъ. Религіозность не привилась въ немъ даже къ духовенству, ибо нѣсколько отдѣльныхъ, исключительныхъ личностей, отличавшихся такою холодною, аскетическою созерцательностію, ничего не доказываютъ. Большинство-же нашего духовенства всегда отличалось только толстыми брюхами, схоластическимъ педантствомъ, да дикимъ невѣжествомъ. Его грѣхъ обвинить въ религіозной нетерпимости и фанатизмѣ, его скорѣе можно похвалить за образцовый индиферентизмъ въ дѣлѣ вѣры. Религіозность проявилась у насъ только въ раскольническихъ сектахъ, столь противоположныхъ, по духу своему, массѣ народа и столь ничтожныхъ передъ нею числительно.(?)

Не буду распространяться о вашемъ дифирамбѣ любовной связи русскаго народа съ его владыками. Скажу прямо: этотъ дифирамбъ ни въ комъ не встрѣтилъ себѣ сочувствія и уронилъ васъ въ глазахъ даже людей, въ другихъ отношеніяхъ очень близкихъ къ вамъ по ихъ направленію. Что касается до меня лично, предоставляю вашей совѣсти упиваться созерцаніемъ божественной красоты самодержавія (оно покойно, да, — и выгодно), только продолжайте благоразумно созерцать его изъ вашего прекраснаго далека: вблизи-то оно не такъ красиво и не такъ безопасно...... Замѣчу только одно: когда Европейцемъ, особенно католикомъ, овладѣетъ религіозный духъ, онъ дѣлается обличителемъ неправой власти, подобно еврейскимъ пророкамъ, обличавшимъ беззаконія сильныхъ земли. У насъ-же наоборотъ: постигаетъ человѣка (даже порядочнаго) болѣзнь, извѣстная у врачей - психіатровъ подъ именемъ religiosa mania, онъ тотчасъ-же земному богу подкуритъ болѣе нежели небесному, да еще такъ хватитъ черезъ край, что тотъ хоть и хотѣлъ бы его наградить за рабское усердіе, да видитъ, что этимъ скомпрометировалъ бы себя въ глазахъ общества... Бестія нашъ братъ, русскій человѣкъ!...

Вспомнилъ я еще, что въ вашей книгѣ вы утверждаете, за великую и неоспоримую истину, будто простому народу грамота не только не полезна, но положительно вредна. — Что сказать вамъ на это? Да проститъ васъ вашъ византійскій богъ за эту византійскую мысль, если только передавши ее бумагѣ, вы не

знали, что говорили... Но можетъ быть вы скажете: «Положимъ что я заблуждался, и всѣ мои мысли ложь, но почему-же отнимаютъ у меня право заблуждаться и не хотятъ вѣрить искренности моихъ заблужденій?» Потому, отвѣчаю я вамъ, что подобное направленіе въ Россіи давно уже не новость. Даже еще недавно оно было вполнѣ исчерпано Бурачкомъ съ братіею. Конечно въ вашей книгѣ болѣе ума и даже таланта (хотя и того и другаго не очень богато въ ней), чѣмъ въ ихъ сочиненіяхъ; но за то они развили общее имъ съ вами ученіе съ большей энергіей и большей послѣдовательностью, смѣло дошли до его послѣднихъ результатовъ, все отдали византійскому богу, ничего не оставили сатанѣ; тогда какъ вы, желая поставить по свѣчѣ и тому и другому, впали въ противорѣчіе, отстаивали напримѣръ Пушкина, литературу и театры, которые съ вашей точки зрѣнія, если бы вы только имѣли добросовѣстность быть послѣдовательнымъ, нисколько не могутъ служить къ спасенію души, но много могутъ служить къ ея погибели.... Чья-же голова могла переварить мысль о тождественности Гоголя съ Бурачкомъ? Вы слишкомъ высоко поставили себя во мнѣніи русской публики, чтобы она могла вѣрить въ васъ искренности подобныхъ убѣжденій. Что кажется естественнымъ въ глупцахъ, то не можетъ казаться такимъ въ геніальномъ человѣкѣ. Нѣкоторые остановились-было на мысли, что ваша книга есть плодъ умственнаго разстройства, близкаго къ положительному сумасшествію. Но они скоро отступились отъ такого заключенія — ясно, что книга писана не день, не недѣлю, не мѣсяцъ, а можетъ быть годъ, два или три; въ ней есть связь; сквозь небрежное изложеніе проглядываетъ обдуманность, а гимнъ властямъ предержащимъ хорошо устраиваетъ земное положеніе набожнаго автора. Вотъ почему въ Петербургѣ распространился слухъ, будто вы написали эту книгу съ цѣлью попасть въ наставники къ сыну наслѣдника. Еще въ Петербургѣ сдѣлалось извѣстнымъ письмо ваше къ Уварову, гдѣ вы говорите съ огорченіемъ, что вашимъ сочиненіямъ о Россіи даютъ превратный толкъ, затѣмъ обнаруживаете неудовольствіе своими прежними произведеніями и объявляете, что только тогда останетесь довольны своими сочиненіями, когда ими будетъ доволенъ царь. Теперь судите сами, можно ли удивляться тому, что ваша книга уронила васъ въ глазахъ публики и какъ писателя и еще болѣе какъ человѣка?....

Вы, сколько я вижу, не совсѣмъ хорошо понимаете русскую

публику. Ея характеръ опредѣляется положенiемъ русскаго общества, въ которомъ кипятъ и рвутся наружу свѣжія силы, но сдавленныя тяжелымъ гнетомъ, не находя исхода, производятъ только уныніе, тоску,апатію. Только въ одной литературѣ, не смотря на татарскую цензуру, есть еще жизнь и движеніе впередъ. Вотъ почему званіе писателя у насъ такъ почетно, почему у насъ такъ легокъ литературный успѣхъ даже при маленькомъ талантѣ. Титло поэта, званіе литератора у насъ давно уже затмило мишуру эполетъ и разноцвѣтныхъ мундировъ. И вотъ почему у насъ въ особенности награждается общимъ вниманіемъ всякое, такъ называемое, либеральное направленіе, даже и при бѣдности таланта; и почему такъ скоро падаетъ популярность великихъ талантовъ, искренно или неискренно отдающихъ себя въ услуженіе православію, самодержавію и народности. Разительный примѣръ Пушкинъ, которому стоило написать только два-три вѣрноподданническихъ стихотвореній и надѣть камерюнкерскую ливрею, чтобы вдругъ лишиться народной любви! И вы сильно ошибаетесь, если не шутя думаете, что ваша книга пала не отъ ея дурнаго направленія, а отъ рѣзкости истинъ, будто бы высказанныхъ вами всѣмъ и каждому. Положимъ вы могли это думать о пишущей братіи, но публика-то какъ могла попасть въ эту категорію? Неужели въ Ревизорѣ и Мертвыхъ Душахъ вы менѣе рѣзко, съ меньшею истиною и талантомъ и менѣе горькія правды высказали ей? И старая школа дѣйствительно сердилась на васъ до бѣшенства, но Ревизоръ и Мертвыя Души отъ того не пали, тогда какъ ваша послѣдняя книга позорно провалилась сквозь землю. И публика тутъ права: она видитъ въ русскихъ писателяхъ своихъ единственныхъ вождей, защитниковъ и спасителей отъ русскаго самодержавія, православія и народности, и потому всегда готовая простить писателю плохую книгу, никогда не проститъ ему зловредной книги. Это показываетъ, сколько лежитъ въ нашемъ обществѣ, хотя еще въ зародышѣ, свѣжаго, здороваго чутья, и это-же показываетъ, что у него есть будущность. Если вы любите Россію, порадуйтесь вмѣстѣ со мною паденію вашей книги!...

Не безъ нѣкотораго чувства самодовольствія скажу вамъ, что мнѣ кажется, что я немного знаю русскую публику. Ваша книга испугала меня возможностью дурнаго вліянія на правительство, на цензуру, но не на публику. Когда пронесся въ Петербургѣ слухъ, что правительство хочетъ напечатать вашу книгу въ числѣ многихъ тысячъ экземпляровъ и продавать ее по са-

[illegible]

[illegible]

[illegible]

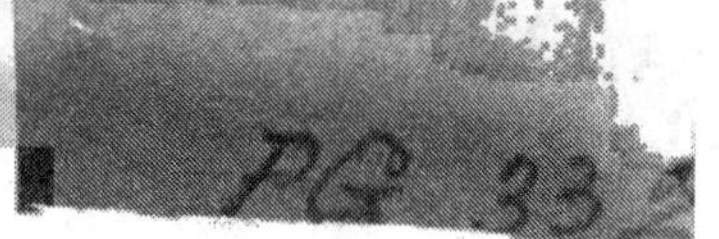

разсердило меня, я только объ этомъ и отозвался бы съ досадою, а обо всемъ остальномъ выразился бы спокойно, безпристрастно. А это правда, что вашъ отзывъ о вашихъ почитателяхъ вдвойнѣ не хорошъ. Я понимаю необходимость иногда щелкнуть глупца, который своими похвалами, своимъ восторгомъ ко мнѣ только дѣлаетъ меня смѣшнымъ, но и эта необходимость тяжела, потому-что какъ-то по-человѣчески не ловко даже за ложную любовь платить враждою. Но вы имѣли въ виду людей, если не съ отличнымъ умомъ, то все-же и не глупцовъ. Эти люди въ своемъ удивленіи къ вашимъ твореніямъ надѣлали, быть можетъ, гораздо больше восклицаній, нежели сколько высказали о нихъ дѣла; но все-же ихъ энтузіазмъ къ вамъ выходитъ изъ такого чистаго и благороднаго источника, что вамъ вовсе не слѣдовало бы выдавать ихъ головою общимъ ихъ и вашимъ врагамъ, да еще въ добавокъ обвинить ихъ въ намѣреніи дать какой-то превратный толкъ вашимъ сочиненіямъ. Вы конечно сдѣлали это по увлеченію главной мыслію вашей книги и по неосмотрительности, а Вяземскій, этотъ князь въ аристократіи и холопъ въ литературѣ, развилъ вашу мысль и напечаталъ на вашихъ почитателей (стало быть на меня всѣхъ болѣе) частный доносъ. Онъ это сдѣлалъ вѣроятно въ благодарность вамъ за то, что вы его, плохаго рифмоплета, произвели въ великіе поэты, кажется сколько я помню за его „вялый, влачащійся по землѣ стихъ". Все это не хорошо. А что вы ожидали только времени, когда вамъ можно будетъ отдать справедливость и почитателямъ вашего таланта (отдавши ее съ гордымъ смиреніемъ вашимъ врагамъ), этого я не зналъ; не могъ, да признаться и не захотѣлъ бы знать. Передо мной была ваша книга, а не ваши намѣренія: я читалъ ее и перечитывалъ сто разъ и все-таки не нашелъ въ ней ничего, кромѣ того, что въ ней есть, а то, что въ ней есть, глубоко возмутило и оскорбило мою душу.

Еслибы я далъ полную волю моему чувству, письмо это скоро бы превратилось въ толстую тетрадь. Я никогда не думалъ писать къ вамъ объ этомъ предметѣ, хотя и мучительно желалъ этого, и хотя вы всѣмъ и каждому печатно дали право писать къ вамъ безъ церемоній, имѣя въ виду одну правду. Живя въ Россіи я не могъ бы этого сдѣлать, ибо тамошніе „Шпекины" распечатываютъ чужія письма не изъ одного личнаго удовольствія, но и по долгу службы, ради доносовъ. Нынѣшнемъ лѣтомъ начинающаяся чахотка прогнала меня за границу. Неожиданное полученіе вашего письма дало мнѣ возможность высказать вамъ все, что лежало у меня на душѣ противъ васъ по поводу вашей книги. Я не умѣю говорить въ половину, не умѣю хитрить; это не въ моей натурѣ. Пусть вы или само время докажетъ, что я заблуждался въ моихъ объ васъ заключеніяхъ. Я первый порадуюсь этому; но не раскаюсь въ томъ, что сказалъ вамъ. Тутъ дѣло идетъ не о моей или вашей личности, но о предметѣ, который гораздо выше не только меня, но даже и васъ; тутъ дѣло идетъ объ истинѣ. о русскомъ обществѣ, о Россіи.—И вотъ мое послѣднее заключительное слово: если вы имѣли несчастіе съ гордымъ смиреніемъ отречься отъ вашихъ истинно великихъ произведеній, то теперь вамъ должно съ искреннимъ смиреніемъ отречься отъ послѣдней вашей книги, и тяжкій грѣхъ ея изданія въ свѣтъ искупить новыми твореніями, которыя бы напомнили ваши прежнія.

Зальцбурнъ.

15 іюля, 1847 года.

ИЗВѢЩЕНІЕ

Редакція „Громады", имѣя въ виду содѣйствовать образованію соціалистической литературы для обществъ всѣхъ національностей, живущихъ въ Украинской области въ Россіи, Галиціи, Буковинѣ, Румыніи и Венгріи, а также установленію федеративной солидарности между украинцами и ихъ сосѣдями, — печатаетъ, по мѣрѣ возможности книги не только на украинскомъ языкѣ, но и на языкахъ иноплеменныхъ колоній въ Украинской области, а также на языкахъ ея сосѣдей.

Въ настоящее время проготовляются къ печати:

1) Rozwój i organizacja pracy na Ukrainie. M. Pawlika i S. Podolinskiego. (Развитіе и организація труда въ Украйнѣ). Для поляковъ-рабочихъ въ Украинской области.

2) Die Lage des juedischen Proletariats in Ost-Europa (Положеніе еврейскаго пролетаріата въ Восточной Европѣ). M. Pawlik.

3) Размова про багатство та бѣдносць. (Передѣлка съ украинскаго на бѣлорусскій языкъ.)

4) Рядъ брошюръ подъ общимъ заглавіемъ: „Вольный Союзъ. — La fédération. — Вільна спілка".

№ 1 Двѣ дороги передъ революціонерами въ Россіи. М. Драгоманова.

№ 2 Украйна между Польшей и Великороссіей. (Изъ „Колокола" № 61). Съ предисловіемъ М. Драгоманова.

№ 3 Двѣ программы М. А. Бакунина (Для Славянской секціи Международнаго Общества Рабочихъ и для Польскаго Соціалистическаго Товарищества). Съ примѣчаніями М. Драгоманова.

Всякаго рода вопросы, заявленія и предложенія могутъ быть обращаемы въ редакцію „Громады" (Адресъ: Michel Dragomanov, Redacteur de la „Hromada". Genève.)

ВЪ ТИПОГРАФІИ «РАБОТНИКА» и «ГРОМАДЫ»

Оканчивается печатаніемъ:

«Хиба ревуть воли, јак јасла повні». Роман з народнього житьтьа.

«Громада». Украјінська ¦збірка, впорьадкована М. Драгомановим. Том V.

Печатается:

«Ремесла ј хвабрики на Украјіні». С. Подолінського.

Въ складѣ у *H. Georg.* (Corraterie. Genève)

Поступили въ продажу новѣйшія изданія редакціи „Громады“:

«Пан-народольубець». Повість. Ц. 1 франк.

Двѣ новыя политическія брошюры М. Драгоманова:

«Соловья баснями не кормятъ. Письмо къ генералу Лорису-Меликову». Ц. 25 сант.

«Было бы болото, а черти будутъ». 50 сант.

ГРОМАДА, № 3. „Лихі льуде," один листочок з житьтьа. Женева. Печатньа «Громади» 1878. 2 фр.

ГРОМАДА Українська збірка впорьадкована М. Драгомановим. № 4. Біржове мошенство та запродана печать. I, II, III. П. М.; Добавка од впорьадчика. (Хиба россіјськојі ј украјінськојі печати про мужицьке житьтьа); Т. Г. Шевченко ј јого думки про громадське житьтьа, С—а.; Уваги впорьадчика; Шевченко украјнофіли ј соціалізм I, II, III. М. Драгоманова; Кілька слів про І. М. Ковальського. Е. Ч. Грунт, книжка та «препятствія.» (Листи ј уваги впорьадчичика про новини на Украјіні): Спомин померщого товаришча, Зубку-Кодреану. М. Д.; Вільниј земськиј рух в Черниговшчині; Героіська самооборона соціалістів в Кијіві. М. Д.; Книгарські Звістки: Федералізм і соціалізм в Окцітаніјі. Польськиј демократ про украјінство ј соціалізм. Украјінське письменство в «Исторіи славянскихъ литературъ» Пыпина и Спасовича. М. Д.; Одповіді ј замітки: Украјінська «Громада» ј «націонализированіе соціализма» по V т. «Впереда.» Де-шчо про львівських народовців і соціалізм в Галиччині. (З поводу брехні «Руского Сіона» ј «Газети школьнојі»). З універсітетського житьтьа в Кијіві. (Помилка брошури «Мартовское движеніе студентовъ Кіевскаго университета въ 1878 г.» Брехньа генерала Антоновича). Ми ј «Набатъ.» (Чому ј јак ми говоримо про «Набатъ». Д. Молчановъ-Другъ в редакціјі «органа русскихъ революціонеровъ». Примір набатськојі нісенітниці. Добролыубов і Пирогов. Остатньа рада «Набату»). М. Драгоманова; На увагу товаришчам і землыакам украјінськојі ј польськојі мови. Впорьадчика «Громади»; Прилога. Отчетъ кассы «Общества пособія политическимъ изгнанникамъ изъ Россіи въ Женевѣ», съ Мая 1878 по Январь 1879 г. Женева. Печатньа «Громади» 1879. 6 фр.

ЛИСТОК ГРОМАДИ № 1, 1878. Видав М. Драгоманов. 1 фр.

Про богатство та бідність. 1876. 25 с.

Про те, як наша землья стала не наша. Липській. 1877. 40 с.

Про хліборобство. Як де земля упорядкована і як би слід йийі держати. Липській. 1877. 80 с.

Ukraino. (M. Dragomanov). Movimento litterario Ruteno in Russia e Gallicia. Firence. 1873. Loecher. 1 fr.

Література россійска, великорусска, украинска и галицка. Украінець. (М. Драгоманов). Львів. 1874.

Галицько-руське письменство. Јого ж. Львів. 1876. 12 кр. ав.

По вопросу о малорусской литературѣ. (Панславизмъ, панруссизмъ и панмалоруссизмъ). М. Драгоманова. Вѣна. 1876. 80 кр.

Турки внутренніе и внѣшніе. Его же. Женева. 1876. 1 фр.

Внутреннее рабство и война за освобожденіе. Его же. Женева. 1877. 1 фр,

Народні школи на Украјіні серед житьтьа ј письменства в Россіјі з виданьньа «Громади». Јого ж. Женева. 1877. 3 фр.

Дѣтоубійство, совершаемое русскимъ правительствомъ. Женщины процесса московск. соціалистовъ. Его же. Женева. 1877. 25 с.

До чего довоевались? Его же. Женева. 1878. 50 с.

За что старика обидѣли и кто его обижаетъ? (Размышленіе по дѣлу Трепова). Его же. Женева. 1878. 50 с.

CPSIA information can be obtained
at www.ICGtesting.com
Printed in the USA
LVHW061745240420
654406LV00008B/1498

9 781173 255886